DES
MOTIFS QUI ONT DICTÉ
LE NOUVEAU
PROJET DE LOI
SUR LES ÉLECTIONS;

Par M. BENJAMIN CONSTANT,
DÉPUTÉ DE LA SARTHE.

A PARIS,

CHEZ BÉCHET aîné, LIBRAIRE,
QUAI DES AUGUSTINS, N° 57;
ET CHEZ LES MARCHANDS DE NOUVEAUTÉS.

MAI M. DCCC. XX.

AVERTISSEMENT.

Pour faire connaître par quelles séries de modifications successives le ministère a été conduit à présenter son projet actuel sur les élections, j'ai dû entrer dans des détails qui m'ont obligé à parler, contre ma coutume, non-seulement des choses, mais de quelques hommes. J'espère l'avoir fait avec impartialité et sans amertume. J'ai tâché de rendre justice à ceux que je ne pouvais éviter de blâmer, et il n'y a pas, dans ce que j'ai dit, un mot qui ne me paraisse conforme à la vérité la plus exacte.

Si l'on désapprouvait néanmoins cette franchise, je représenterais que non-seulement nos circonstances sont tellement graves que toute considération secondaire doit être écartée, mais que l'exemple d'hommes investis, ainsi que moi, de fonctions publiques, m'a paru m'autoriser à ce que j'ai fait. Puisque l'un des organes les plus éloquens de l'opinion que j'ai toujours combattue, a pu attaquer, durant plusieurs mois, d'une manière directe et véhémente, des ministres, des pairs, et des députés (1); puisque tout récemment l'un des premiers dignitaires de l'église a pu, dans un journal, diriger contre beaucoup de membres de l'une des chambres une accusation formelle de conspiration (2), j'ai pu, sans sortir des bornes de la légalité ou de la convenance, dire aussi ma pensée.

Ceci est ma réponse aux hommes de bonne foi. Je n'en dois point aux autres.

Paris, le 16 mai 1820.

---

(1) Voyez le *Conservateur*.
(2) Voyez la *Quotidienne* du 11 de mai.

DES

MOTIFS QUI ONT DICTÉ

LE NOUVEAU

PROJET DE LOI

SUR LES ÉLECTIONS.

En me livrant au travail que m'impose mon devoir de député, je me suis convaincu que, pour bien juger de la nature et de la tendance du projet de loi relatif aux élections, il fallait se faire une juste idée des circonstances qui ont conduit le ministère à nous présenter ce projet et des motifs qui l'ont dicté. Mais cet exposé de faits, qui exige des développemens pour être compris, et qui est en quelque sorte la préface de l'examen du projet de loi, serait nécessairement trop étendu pour être

§. 1.
Objet de cet écrit.

1

prononcé à la tribune. Je prends donc le parti de le faire imprimer à part et en toute hâte, pour le soumettre à mes honorables collègues avant l'ouverture de la discussion. J'ai tâché d'exprimer fidèlement tout ce que je pense, sans chercher à blesser personne ni à plaire à personne, et n'ayant attaché de prix qu'à la clarté, je réclame l'indulgence pour le style et même pour l'ordre des idées, ordre que la précipitation de cette esquisse ne me permet pas de soigner.

§. 2.
Nécessité de connaître les motifs du projet de loi actuel sur les élections.

Lorsqu'un gouvernement dévie de la ligne constitutionnelle pour suivre une route périlleuse, et s'expose aux inconvéniens de la fermentation que ces déviations font naître, il est naturel de supposer qu'il croit avoir des motifs puissans pour affronter de pareilles chances. Vouloir juger ses mesures sans connaître ses motifs serait à la fois peu raisonnable et peu juste : peu raisonnable, puisque l'on prononcerait un jugement sans avoir examiné les pièces du procès; peu juste, puisqu'un gouvernement peut être excusable même en se trompant, et, par le triste effet d'un premier pas inconsidéré, se voir entraîné beaucoup plus loin qu'il ne l'avait, soit désiré, soit prévu.

C'est, je le pense, ce qui est arrivé à notre gouvernement dans ses deux projets de loi sur les élections. Établir cette vérité ne sera pas inutile; car nous trouverons pour résultat, d'une part, que si son intention sérieuse est de nous faire adopter les innovations qu'il propose, il ne faut pas le seconder dans un vœu dont l'accomplissement lui serait funeste ainsi qu'à la France, et d'une autre part, que si nous repoussons ce qu'il nous présente, ce sera peut-être bien moins résister à sa volouté fixe et réelle, que le délivrer du joug d'une volonté factice, produit informe de concessions successives, dont plusieurs lui ont été arrachées contre son gré.

Pour atteindre le but que j'indique, je dois remonter à une époque assez éloignée. Mais je tâcherai de parcourir rapidement l'intervalle qui sépare cette époque du moment actuel.

§. 3.
Qu'il faut remonter à une époque un peu reculée.

L'assemblée réunie après le 8 juillet 1815, et qui avait marqué sa carrière orageuse par les lois du 29 octobre, du 9 novembre et du 12 janvier, s'était séparée au mois d'avril de 1816. Elle n'était point dissoute. Ses intentions étaient connues. L'esprit qui la dirigeait était

§. 4.
État de la France après la dissolution de la Chambre de 1815.

redouté des ministres mêmes qui long-temps,
et beaucoup trop long-temps pour le bien de
la France et pour la stabilité du trône, avaient
cédé à son influence.

Un intervalle de six années a fait oublier à
bien des gens dans quel état cette assemblée
avait jeté le pays qu'elle était supposée repré-
senter. Toutes les existences ébranlées, des suspects détenus en foule, des exilés chassés de
départemens en départemens, des sentences
rigoureuses frappant à chaque instant la classe
laborieuse, sous prétexte de cris séditieux, des
destitutions sans motifs, des emprisonnemens
sans terme, des commissions extraordinaires,
des cours prevôtales, en un mot tout ce que
l'arbitraire a d'oppressif, la délation de perfide,
la justice militaire de redoutable et d'accéléré,
s'était réuni pour exaspérer et pour alarmer les
citoyens. Peut-être la chambre de 1815 n'est-
elle pas coupable, sous le rapport de l'intention, de toutes ces vexations de détail. Mais
l'esprit qui avait présidé à ses délibérations
avait en même temps déchaîné les subalternes,
toujours plus zélés et plus furieux que les
chefs.

Vainement une minorité imposante, coura-

geuse, pleine de talens, dévouée aux intérêts
nationaux, avait opposé à la majorité de la
chambre de 1815 une faible digue. Cette minorité avait rendu d'importans services : elle
avait retardé le char qui roulait vers le pré-
cipice. Mais le mouvement avait continué, et
par une loi de la nature morale semblable à
celle de la nature physique, l'impulsion était'
devenue plus irrésistible à mesure qu'on ap-
prochait de l'abîme. L'Europe même était ef-
frayée de ce que préparait un pareil régime, et
dans l'intérêt de son propre repos demandait
à la France, condamnée encore à supporter
son intervention diplomatique, plus de modération et moins de violence.

M. Lainé, malgré son aversion pour tout
ce qui ressemble à une liberté un peu agitée;
M. Decazes, malgré son désir d'être agréable à la
faction nobiliaire, par laquelle il voulait faire reconnaître ses titres et ses honneurs, espoir chi-
mérique, car cette faction accorde tout à ses
auxiliaires, hors l'égalité, ne se déguisaient point
l'impossibilité de rassembler la chambre ajournée sans marcher directement à une révolution. Le parti contre-révolutionnaire, ainsi que
tous les partis extrêmes, ne saurait s'entendre
avec aucun ministère, quelque dévouement

que ce ministère professe pour les volontés de ce parti. C'est dans l'exécution que les projets violens ou absurdes rencontrent des obstacles. En conséquence, les hommes chargés de l'exécution s'arrêtent nécessairement beaucoup plus tôt que ne le voudraient ceux qui, n'ayant rien à démêler avec la force réelle des choses, s'enivrent à leur aise de phrases retentissantes et de déclamations forcenées. Aussi voyons-nous, à d'autres époques encore plus désastreuses, les furieux de la Convention déclarer successivement traîtres à la patrie tous les ministres qu'ils avaient nommés. De même, M. Decazes et M. Lainé, insultés dans les dernières séances de la chambre de 1815, étaient soupçonnés de trahison par les membres les plus exagérés et par conséquent les plus influans de cette chambre.

Je n'affirmerai point toutefois que ces deux ministres, en l'ajournant, eussent le dessein de la dissoudre. Ils ne voulaient que se débarrasser momentanément de son importune et dangereuse présence. L'ajournement leur semblait déjà un acte de courage, et quand ils l'eurent obtenu, ils se reposèrent. Le système que la chambre de 1815 avait fait peser sur la France resta long-temps le même. D'un bout du royaume à l'autre, des vexations dont les départemens gardent la mémoire, et, dans la capitale, la conspiration supposée ou provoquée de Pleignier, en sont de tristes preuves.

Mais le temps s'écoulait : on voyait s'approcher, avec une rapidité effrayante pour le ministère, le moment où la convocation d'une chambre quelconque serait indispensable. La peur la plus forte l'emporta. La dissolution fut prononcée.

Je ne veux point faire de rapprochemens trop sévères, et quand je dis que le ministère se trouva placé par cette dissolution dans une position analogue à celle du parti qui avait triomphé le 9 thermidor, je ne songe point à mettre sur la même ligne des hommes ou des époques qui ne doivent point être comparés. Cependant, de même que les thermidoriens, pour employer une désignation courte, avaient eu, après leur victoire, un grand désavantage, celui d'avoir concouru à plusieurs des actes qui avaient rendu leurs adversaires odieux, de même les ministres de 1816 durent s'attendre à voir le parti qu'ils avaient frappé, rejeter sur eux ses propres violences, et leur reprocher avec assez de raison, d'avoir favorisé les excès qu'ils transformaient maintenant en crimes.

De là, dut résulter une marche incertaine, et la résurrection d'un système de bascule dont le directoire avait donné le premier exemple, et qui avait eu, pour ce gouvernement, des conséquences peu propres à encourager ses imitateurs.

§. 5.
Loi des élections de 1817.

Soyons justes pourtant. Le ministère conçut à cette époque une grande idée : ce fut celle de renoncer aux colléges électoraux de Bonaparte, invention astucieuse d'une tyrannie habile, et de faire reposer l'élection sur des bases plus larges et plus réelles. Il paraît malheureusement qu'il ne conçut cette idée que dans ses intérêts. Il n'envisagea que l'utilité qu'il en retirerait pour écarter les hommes les plus opposés à ses vues, et ne réfléchit pas qu'il entrait par-là dans une carrière tout-à-fait nouvelle, et que des élections nationales n'étaient compatibles qu'avec un gouvernement national. Il continua de gouverner comme par le passé, laissant en place les instrumens décrédités d'oppressions anciennes, tourmentant les écrivains, calomniant dans ses journaux officiels les défenseurs de la liberté, et appelant

sur lui-même, avec maladresse et sans profit,
toute la défaveur d'une théorie d'arbitraire
qu'il n'avait pas la force de mettre en pratique.

Ainsi allèrent les choses jusqu'aux élections
de 1817. Par une suite inévitable de cette mauvaise administration, l'on vit s'élever des nota-
bilités populaires, que le ministère, qui avait
eu la gaucherie de les créer par ses actes, eut
l'imprudence de méconnaître et de dédaigner.

§. 6.
Élections de
1817.

L'époque des élections arrivée, ces notabi-
lités se présentèrent. Les ministres surpris,
mais trop présomptueux pour être effrayés,
voulurent les combattre par des moyens qui,
même en réussissant, retombèrent sur un pouvoir assez peu délicat pour les employer. Les
candidats qui avaient des racines dans l'industrie, le commerce, la propriété, furent élus en
dépit du ministère. Ceux qui n'avaient de racines que dans l'opinion se virent repoussés.
Mais ils sortirent d'une lutte inégale, plus forts
par leur défaite qu'ils n'y étaient entrés, et les
souvenirs honorables d'une foule de suffrages
indépendans s'attachant à leurs noms, leur
préparèrent, pour une époque peu éloignée,
un succès infaillible.

Après les élections de 1817, le gouvernement continua de suivre sa marche accou-
tumée; seulement les professions de foi de-
vinrent plus libérales, les lois d'exception tom-
bèrent l'une après l'autre, et la contradiction
fut plus évidente entre la constitutionnalité
des principes et l'arbitraire de l'administration.

Les élections de 1818 s'ouvrirent sous ces
auspices. L'imprudence des contre-révolutionnaires offrit aux ministres une chance dont ils
ne profitèrent qu'à demi. Cette faction ayant
attaqué à l'improviste la loi des élections, le
ministère eut l'avantage de pouvoir se donner
aux yeux de la France le mérite de la défendre.
Mais son aversion pour plusieurs députés, qui
venaient d'être élus, aversion peu fondée dans
ses motifs, et peu judicieuse dans sa manifes-
tation, lui enleva la popularité dont la défense
de notre système électoral aurait pu l'en-
tourer.

Néanmoins la session de 1818 commença
d'une manière paisible et satisfaisante. Le ministère, abjurant de trop longues tergiversa-
tions, parut s'appuyer avec réserve pourtant
et avec défiance sur le parti constitutionnel.

Une bonne loi sur la presse fut rendue. Mais bientôt de nouvelles questions s'élevèrent. Des réclamations que des hommes prévoyans pouvaient dire intempestives, mais qui étaient en même temps tellement justes qu'elles ne permettaient aux amis de la liberté aucune hésitation, semèrent la division entre eux et le ministère. La faction de 1815 sut en profiter. Elle travestit un appel aux sermens de la charte en apologies du régicide. Cette manière de déplacer la question troubla les ministres. Ils hésitèrent, promirent, reculèrent et finirent par manquer à leurs engagemens et par enfreindre leurs promesses. Leur faiblesse ajouta peut-être à leur violence, et ce sentiment caché accrut l'amertume de leurs expressions publiques.

Dès lors tous les partis, excepté, si l'on veut, les contre-révolutionnaires, qui gagnent toujours aux désordres, se trouvèrent dans une position fausse. Le ministère n'eut plus d'appuis sincères; les constitutionnels se crurent en face de deux espèces d'ennemis, ne sachant à laquelle des deux il fallait faire une guerre franche, et craignant toujours de fortifier les uns aux dépens des autres.

Malgré ces symptômes, précurseurs de quelques orages dont on ne pouvait prévoir la nature, la nation se calmait. En possession de
deux bonnes lois, dont l'une, celle des élections, lui présentait une perspective assurée
et prochaine de réparations et de réformes,
et dont l'autre, celle de la presse, diminuait
les effets déplorables de l'obstination des ministres à laisser en place des hommes odieux,
elle s'attachait à ses institutions. Dans son opposition même, il y avait je ne sais quel sentiment qui l'avertissait qu'elle devait à ces institutions le droit d'exercer une opposition
aussi animée; et au fond du cœur, elle se serait
affligée de perdre ce qu'elle avait quelquefois
l'air d'ébranler.

§. 8.
Élections de
1819.

Le combat recommença pour les élections
de 1819. Irrité plus qu'instruit par ses dé-
faites antérieures, le ministère redoubla d'efforts qui ne furent ni plus mesurés ni plus
adroits que les précédens. Il n'inventa pas
d'autres moyens; mais il voulut donner à des
moyens usés plus d'intensité et plus d'action;
et il les rendit par-là plus scandaleux et plus
ridicules.

Ce ridicule, ce scandale, et des souvenirs de

deuil et de sang influèrent sur un choix dans
un département qui avait beaucoup souffert.
Ce choix rappela, non des actions, il n'y en
avait aucune ; mais des paroles vraisemblablement défigurées dans un temps de troubles,
par des journaux mensongers, et certainement
ignorées ou oubliées après trente années par
les électeurs. On fit de ce choix l'usage le plus
perfide.

On l'attribua à des intentions, on en tira des
conséquences démenties par tous les autres
choix. Aujourd'hui que le résultat des élections de 1819, peut être apprécié par les faits,
que trouve-t-on dans les élus de cette année ?
» Des hommes, » comme je l'ai dit à la tribune »,
» que leurs commettans ont choisis dans l'es-
» pérance qu'ils obtiendraient pour eux la ré-
» paration de beaucoup d'injustices, et sous ce
» rapport ces élections qu'on a présentées comme
» les hostilités d'un parti n'ont été que défen-
» sives , et ont été l'ouvrage du ministère; des
» hommes empressés de remplir leur mission,
» consultant quelquefois leur conscience plus
» que l'opportunité, incapables , précisément
» parce que cette conscience est pure, de se
» plier à des ménagemens pour calmer d'in-

» justes défiances, mais pénétrés tous de la con-
» viction que si la charte était exécutée, elle
» suffirait à la liberté, et ne demandant son
» exécution avec tant de chaleur, que parce
» qu'il leur paraît insensé dans un ministère
» de vouloir, sans profit pour le gouvernement,
» arracher à la nation ce qui assure la stabi-
» lité de l'un et le repos de l'autre; des hommes
» enfin qui ne peuvent avoir un intérêt caché,
» qui ne peuvent nourrir une arrière-pensée,
» car tous leurs intérêts sont d'accord avec le
» trône constitutionnel, et il n'en est pas un
» qui, comme considération, comme influence,
» comme repos ou comme carrière d'une am-
» bition honorable, ne trouve sous le régime
» de la charte une route plus digne de lui, que
» sous l'anarchie du directoire, l'hypocrisie du
» consulat, ou le despotisme de l'empire. »

Que fallait-il donc conclure de ces élections?
Une vérité que j'ai déjà énoncée et que le pouvoir s'était follement obstiné à méconnaître;
c'est que la loi des élections, telle qu'elle existe,
ne peut tolérer qu'un ministère constitutionnel et national.

Mais de cette vérité s'ensuivait une autre;
c'est qu'il n'y avait plus que trois partis possi-

bles, et qu'il fallait, où que les ministres chan-
geassent de conduite, ou que le gouvernement
changeât de ministres, ou que la loi des élections fût rapportée.

Dire pourquoi les deux premiers partis furent rejetés n'est pas mon affaire. Ils le furent,
et le troisième resta seul.

Le ministère se divisa : trois ministres donnèrent l'honorable exemple d'une démission
courageuse et d'un sacrifice méritoire; les autres, ayant appelé de nouveaux collègues, se li-
vrèrent à l'idée de modifier la loi qu'ils avaient
défendue peu de mois plus tôt. Mais, et ceci est
très-essentiel à observer, les modifications qu'ils
voulaient y introduire ne ressemblaient en rien
au projet qu'on nous présente aujourd'hui.

§. 9.
Résolution
prise de dé-
truire la loi de
1817.

Sans doute, quand on en est venu à la rédac-
tion, comme le principe du projet lui-même
était une attaque contre les intérêts populaires,
il a bien fallu faire une part aux intérêts anti-
nationaux. De là le collège oligarchique, qui ne
devait pourtant nommer qu'un tiers de la
chambre; de là encore l'élévation du cens par
l'exclusion des centimes, et le retranchement
de la moitié des patentes.

§. 10.
Premier pro-
jet de loi entiè-
rement minis-
tériel.

Mais dans l'origine les changemens devaient

profiter au ministère qui les méditait; aussi le
parti qui depuis 1817 voit dans la loi des élections sa défaite, ne se résignait-il à l'ancien
projet que pour ébranler cette loi de manière
ou d'autre. Ce devait être la journée des du-
pes. On eût fait passer la nation la première,
et les hommes de 1815 destinaient au ministère le rôle du trompeur trompé.

§. 11.
Hommes bien
intentionnés
qui viennent
au secours du
ministère.

Pendant que le ministère réfléchissait aux
innovations qui pourraient lui être utiles, le
malheur voulut que des hommes très-instruits,
et très-honnêtes d'ailleurs, fissent à la charte
l'honneur dangereux de prétendre l'améliorer.

Métaphysiciens consciencieux, candides éru-
dits, ces hommes avaient profondément étu-
dié, les uns l'organisation des sociétés et le mé-
canisme électoral, les autres les lois anglaises.
L'inconvénient des premiers était de n'avoir
pas calculé ce qu'admettait la nature humaine. Celui des seconds, de ne s'être pas demandé si leurs importations britanniques con-
viendraient à la France. Tout, du reste, était
parfaitement combiné, tout aurait marché mer-
veilleusement, sauf le pays et ses habitans.

Je passe rapidement là-dessus, parce que
toute erreur est excusable. Les hommes dont

je parle avaient, j'en suis sûr, les meilleures
intentions du monde, et aujourd'hui ils ont
le mérite de s'être ralliés franchement à la
masse nationale pour repousser des innovations dont ils ont, malgré eux, avec des espé-
pérances toutes contraires, donné le funeste
signal. L'apparition de ces hommes remplit le
ministère d'une grande joie. Il était bien dé-
terminé à détruire; mais il ne savait comment
remplacer. Il s'inquiétait assez peu des théo-
ries; ce qu'il voulait, c'était se débarrasser
d'une institution qui, trois fois, avait échappé
à ses manœuvres : il reçut donc, comme des
envoyés du ciel, des auxiliaires qui arrivaient
à point nommé pour lui fournir un système
politique, tandis qu'il n'avait qu'un calcul personnel. Sa joie redoubla, quand il apprit que
l'un de leurs principes fondamentaux était l'a-
doption des parlemens septennaux de l'Angleterre.

La septennalité! quelle idée profonde! sept
ans de repos pour un ministère! quelle découverte! une chambre dont on séduit ou cor-
rompt les membres en quelques mois, et dont
on jouit paisiblement durant plusieurs années!
c'est le beau idéal des élections.

2

Le ministère fut tellement charmé de cette conception qui lui semblait le mot de toutes les énigmes et la solution de tous les problèmes, que dès lors toutes les autres combinaisons ne lui parurent que des détails subalternes, indignes d'attention : de là cette singularité souvent remarquée, qu'après avoir mis le royaume en feu par l'annonce intempestive et précipitée de changemens à la Charte, il n'a jamais su précisément jusqu'à la dernière heure ce qu'il allait proposer.

§. 12.
Opposition
manifestée par
la nation.

En attendant, il fallait préparer la France : il était naturel que les inventeurs de la théorie s'en chargeassent. Les hommes à exécution ne devaient que les suivre.

Les premiers commencèrent. Mais la nation, qui avait pris dans la Charte une confiance qu'il a été difficile et insensé de détruire, croyant d'abord n'entendre que des dialecticiens plus ou moins habiles, les laissa parler, sans prêter l'oreille à leur argumentation.

Cependant les mots d'altération à la Charte, garantie de tous les droits, transaction entre tous les partis, consolidation de toutes les propriétés, frappèrent enfin les oreilles des Français. Ils écoutèrent : ils virent qu'en effet il s'agissait de ce qu'ils avaient de plus cher; de

ce qui, à leurs yeux, mettait en sûreté les
conquêtes de trente années. L'inquiétude rem-
plaça l'indifférence. L'opposition se déclara.

Le ministère voulut venir au secours de
la théorie par la pratique. La septennalité,
ou même la quinquennalité, car ce premier
échec l'avait rendu modeste, la quinquennalité était en réalité tout ce qu'il désirait : il la
proposa à tous les partis, les laissant maîtres
de toutes les conditions ultérieures; il aurait
tout admis en faveur de la quinquennalité. Les
hommes qu'il avait vu pénétrer dans l'enceinte
de la représentation nationale, avec tant de
scandale et de répugnance, auraient obtenu
de lui la prolongation de leurs pouvoirs pour
cinq ans, s'ils eussent daigné l'accepter. Avec
la quinquennalité, je crois que le ministère aurait sanctionné la constitution de 1793.

Efforts inutiles ! Ni les commettans, dont un
cinquième voulait nommer chaque année ses
mandataires, ni les mandataires fidèles à la volonté de leurs commettans, ne pouvaient sou-
scrire à cette condition.

Quand on ne parvient pas à vaincre l'opinion, §. 13.
Projets contre
il faut l'étouffer. Ainsi renaquit la conspira- la liberté individuelle et la
tion, tant de fois ourdie par tous nos gouver- liberté de la
presse.

nemens depuis trente années, contre la liberté
de la presse. Un nouveau projet vint s'adjoin-
dre à ceux qu'on avait formés contre le système électoral ; et les ministres, par une logi-
que vraiment admirable, conclurent de ce qu'ils
rencontraient d'invincibles obstacles à nous enlever un de nos droits, qu'ils en trouveraient
moins à nous en enlever deux. Je ne dis que ce
que je sais. Beaucoup de gens croient que ce
fut à la même époque qu'on admit l'idée de
porter atteinte à la liberté individuelle : la chose
est vraisemblable. Pour forcer les hommes à ne
pas réclamer contre ce qu'ils réprouvent, il faut
les faire taire; et, comme ils ne se taisent pas
volontiers, on est conduit bientôt à les incar-
cérer.

§. 14.
Événement du
13 février.

Nul ne peut dire quel succès définitif aurait obtenu le premier projet de loi, com-
pliqué, tortueux, peut-être inexécutable, et
dans la réalité désavoué par tous les partis.
Mais un événement déplorable, en portant
le trouble dans tous les esprits, la conster-
nation dans tous les cœurs, vint comme ni-
veler toutes les barrières qui s'opposaient à
l'invasion victorieuse des ennemis de nos libertés.

La nuit du 13 février fut témoin du plus
exécrable des forfaits. Toutes les circonstances
connues de ce crime prouvent qu'on ne peut
l'attribuer qu'à une sorte de démence. Louvel
paraît être, en fanatisme politique, ce que fut
Ravaillac, dans un autre siècle, en fanatisme
religieux. L'exemple de Damiens, plus étrange
encore que celui de Ravaillac, puisqu'à l'époque de Damiens la fureur de ce fanatisme était
fort amortie, indique comment des passions
qu'on croit éteintes peuvent se conserver dans
des esprits aveugles et des caractères sombres,
et dépasser tout ce qu'on pensait encore avoir
à en craindre.

Cependant, il faut en convenir, si le forfait
de Louvel pouvait nuire à un parti, c'était au
parti constitutionnel. Certes la liberté était
aussi innocente de l'assassinat de M. le duc
de Berri que la religion de celui de Henri IV.
Mais toutefois, de même qu'au moment du
meurtre de ce monarque, les soupçons étaient
tombés sur les catholiques, parce qu'entre eux
et les protestans ce n'étaient pas les protestans
qu'on pouvait accuser, de même les attaques
dont on menaçait la charte, et l'insolence des
contre-révolutionnaires, qui se croyaient sûrs

§. 15
Parti qui veu-
lent en tirer les
ennemis de la
liberté.

de la victoire, ayant irrité les esprits, l'on
pouvait être disposé à considérer l'assassinat
dont on s'épouvantait, comme l'effet de cette
irritation. Si le criminel eût échappé, il est
impossible de prévoir où nous auraient pré-
cipités des conjectures erronées, mais que
l'esprit de parti eût trouvées spécieuses.

Les contre-révolutionnaires furent frappés
de cette pensée. Quiconque a parcouru leurs
journaux, entendu leurs paroles le lendemain
de cette nuit désastreuse, doit être convaincu
qu'ils essayèrent de profiter d'un grand crime
par un crime presque aussi grand. Ils voulurent s'emparer du mouvement des esprits,
exploiter la douleur publique pour servir leurs
fureurs individuelles, et à l'aide du premier
trouble et de l'ignorance qui enveloppait encore les causes secrètes de cette effroyable
affaire, inventer une vaste conspiration pour
y comprendre tous leurs ennemis.

Heureusement ils se proposèrent à la fois
un triple but; et ils tentèrent simultanément
trois choses qu'ils auraient dû, dans leur intérêt, n'opérer que l'une après l'autre. Ils crurent
pouvoir en un jour s'emparer du pouvoir, écra-
ser le parti national, et renverser M. Decazes.

§. 16.
Triple but
qu'ils se pro-
posent.

Ce ministre était, depuis le 5 septembre, §. 17. Haine des contre-révolutionnaires contre M. Decazes. l'objet de leur haine la plus forcenée. Il n'avait fait que trop d'efforts pour les apaiser. La France porte la peine de ces efforts aussi mal calculés qu'inutiles. Mais ils ne pouvaient lui pardonner d'avoir en un jour détruit le fruit de dix-huit mois de travaux, et en montrant au Roi l'abîme qu'ils creusaient sous le trône, anéanti d'un trait de plume toutes leurs espérances.

Ils révoquèrent d'autant moins en doute la possibilité d'opérer enfin la chute de M. Decazes, qu'ils savaient combien ses ménagemens en leur faveur, les concessions qu'il leur avait prodiguées en échange de leurs accusations et de leurs outrages, et surtout son dernier projet électoral, la plus éclatante et la plus funeste de ces concessions, lui avaient aliéné l'opinion publique.

L'on a dit beaucoup de mal de M. Decazes; il en a fait beaucoup lui-même. Incertain dans sa marche, souvent oublieux de ses promesses, n'apercevant, ou ne voulant, pour ne pas être importuné de pressentimens sinistres, faire entrer en ligne de compte que le danger du jour, auquel il opposait des expédiens dont

l'efficacité s'usait au bout d'une heure; jouant
tour à tour avec tous les partis, non pour les
blesser, mais pour s'en défaire; aimant à n'a-
voir pas à lutter, et en conséquence portant
au pouvoir de la part de la liberté, et à la liberté de la part du pouvoir, des engagemens
dont ni le pouvoir ni la liberté n'étaient con-
venus; puis contraint à rompre par la violence
des transactions qu'il avait fondées sur des
bases chimériques, et paraissant alors perfide
quand il n'était qu'embarrassé, M. Decazes a
soulevé contre lui toutes les irritations, et ras-
semblé lui-même, par son insouciance, les
nuages qui ont fait éclater enfin sur sa tête l'o-
rage au milieu duquel il a disparu.

Cependant, je le dis aujourd'hui avec d'autant moins de réserve que M. Decazes est éloigné du pouvoir, ce ministre n'avait point mérité
par ses intentions, bien qu'il ait autorisé par
ses actes, la haine que les partis les plus opposés lui ont témoignée. Avec plus de force
dans le caractère, et pour me servir d'une expression déjà employée, avec plus d'avenir
dans l'esprit, il aurait pu conduire la France
à la jouissance d'un système constitutionnel;
il le désirait vaguement. Un instinct assez juste

l'avertissait que, dans ce système seul, était la
sûreté pour la monarchie, et par conséquent
pour les ministres de la monarchie. Mais une
atmosphère de cour l'entourait; il était enivré
par cette atmosphère : il était flatté de la respi-
rer, même au milieu de ses ennemis. Il jouissait
d'être à côté d'eux, tout en sachant qu'ils tra-
maient sa perte; il voulait conquérir cette bien-
veillance de salon dans laquelle l'aristocratie,
d'ailleurs si souvent servile, a placé son indé-
pendance, et qui, par-là même, paraît d'un
plus grand prix que les sollicitations et les
hommages directs qu'elle ne refuse pas à ceux
qu'elle hait, quand elle a besoin d'eux.

Certes, si l'on compare à ces motifs puérils
les fautes dont M. Decazes s'est rendu coupable,
l'excuse semblera peu satisfaisante. Mais il est de
fait néanmoins que M. Decazes, qui a facilité à
la contre-révolution plus d'une victoire, et
qui, dans ces derniers temps, a forgé pour les
contre-révolutionnaires les armes dont, après
sa chute, ils se sont emparés, ne voulait ni la
contre-révolution, ni le triomphe des contre-
révolutionnaires. L'ordonnance du 5 septembre, la loi des élections le démontrent; mais il
aurait voulu ajourner la liberté, parce que la

cour le rendait responsable de ce que les formes franches, et quelquefois rudes, de la liberté, avaient d'effrayant pour elle, et comme
la liberté ne se laisse pas ajourner sans mot
dire, en voulant lui imposer silence, il l'étouf-
fait.

Forts de l'unanimité de mécontentement qui
entourait M. Decazes, les contre-révolutionnaires pensèrent donc qu'ils frapperaient à la
fois les trois grands coups qui devaient leur
livrer la France. Leurs journaux du 15 excitè-
rent ouvertement à la guerre civile, provo-
quèrent les citoyens à prendre les armes,
exigèrent un changement de ministres. Le
même jour, durant la matinée, leurs spadas-
sins parcoururent les rues, armés et menaçans,
donnant à entendre que leurs projets étaient
approuvés et leurs menaces autorisées. A deux
heures, M. Decazes était dénoncé comme com-
plice de l'assassinat commis par Louvel. Le
dénonciateur peut-être a sauvé la France.

§. 18.
Effet de la dé-
nonciation
contre ce mi-
nistre.

Cette dénonciation révéla deux choses : l'une
que le parti contre-révolutionnaire ne serait
arrêté dans ses fureurs ni par le respect dû au
Roi, ni par la fausseté évidente des inculpa-
tions qu'il accumulait, ni par son propre inté-

rêt, qui aurait dû l'inviter à garder quelques ménagemens, au moins jusques après la victoire.
La nation, qui était absorbée dans l'horreur
qu'un meurtrier lui inspirait, fut contrainte à
songer à sa propre sûreté. Elle vit reparaître
1815, et dès lors sa disposition se manifesta.
La perte de la France fut ajournée. La liberté
continua et continue encore d'être compro-
mise : mais le triomphe des contre-révolutionnaires redevint douteux.

La seconde vérité, que la dénonciation
contre M. Decazes mit en évidence, fut d'une
nature moins générale, mais qui, dans la
circonstance, n'était pas moins importante.
Elle apprit à ce ministre qu'il ne pourrait jamais obtenir grâce devant ces furieux. Cette
découverte dut le frapper. Il n'en profita pas
tout de suite. Il ne sut pas s'arrêter sur place,
et continua d'obéir pendant deux jours à l'impulsion qu'il avait reçue. Ces deux jours le per-
dirent. Il aurait peut-être dépendu de lui,
grâce à l'explosion insensée des contre-révolutionnaires, de se rattacher aux alliés qu'une
telle attaque aurait pu lui rendre. Mais il était
destiné à tomber en se sacrifiant à ses ennemis.

§. 19.
Présen tion
du premier pro-
jet de loi sur les
élections.
Ce fut le 15 février, sur le corps encore pal-
pitant d'une victime royale, quand tous les
cœurs étaient révoltés et déchirés, quand l'en-
traînement et l'émotion ne demandaient qu'à
se convertir en affection et en amour, qu'il
présenta la loi sur les élections. La présentation de cette loi fut son dernier acte d'obéis-
sance aux contre-révolutionnaires, non que
ceux-ci voulussent encore cette loi : transaction
déjà importune quand ils étaient faibles, elle
leur semblait indigne d'eux maintenant qu'ils
se sentaient forts; mais comme elle était géné-
ralement odieuse, ils voulaient que sa défaveur
pesât sur M. Decazes. Ils le traînèrent donc
au lieu du sacrifice, et il les y suivit comme
une victime qu'aveuglait la fatalité. En quit-
tant la tribune, il croyait vraisemblablement
avoir mérité quelque répit; mais sa condes-
cendance n'avait fait qu'ajouter à la rage de
ses adversaires. Il avait renoncé, pour les
apaiser, à l'unique ressource qui pût le sauver.
Ils redoublèrent de furie, et sa chute, depuis
si long-temps résolue, s'accomplit enfin.

§. 20.
Position de la
France après la
chute de M. De-
cazes.
Cette catastrophe plaçait la France dans une
situation effrayante. C'était une révolution plus
orientale qu'européenne. La faction qui avait

obtenu cette victoire, par des moyens si peu
réguliers, semblait enfin toucher au pouvoir.
Déjà ses chefs étendaient la main pour s'en emparer, aucune force visible n'y mettait obstacle;
mais une force invisible les repoussait. Cette
force, c'était le sentiment unanime de la France.
La France tout entière frémissait en voyant
l'empire prêt à écheoir aux hommes de Tou-
louse, de Nîmes et d'Avignon. Ce frémisse-
ment fut entendu. Il y a dans la vérité des choses une autorité. La faction de 1815 s'arrêta
d'elle-même. Elle n'osa pas offrir au monarque, dont elle avait espéré contraindre le choix,
des noms qui rappelaient deux ans d'oppres-
sion et vingt massacres. Elle proposa M. de Richelieu; il fut accepté. Durant quelques jours,
il fut de fait seul ministre, et tout en conser-
vant pour collègues ceux de M. Decazes, il
composa réellement un ministère nouveau.

La nomination d'un ministère qui n'arbo-
rait pas l'étendard sanglant de 1815 fut un
sujet d'espoir pour la France. Tous les hommes
raisonnables en éprouvèrent de la joie, et je
me souviens que je manifestai la mienne,
malgré les avis d'amis plus prévoyans et plus
ombrageux.

§. 21.
Ce que devait
faire M. de Ri-
chelieu.

Mais le ministère ainsi composé, que devait faire ce ministère, et M. de Richelieu qui
le dirigeait? Reconnaître l'abominable action
de Louvel pour ce qu'elle était, le crime soli-
taire d'un exécrable insensé; se garder avec
soin d'en faire peser la honte et l'horreur sur
une nation qui en était indignée; renoncer aux
projets qui avaient à bon droit effrayé cette
nation; écarter un parti qui avait dévoilé
toutes ses fureurs, et doublé par-là l'horreur
nationale qu'il inspire; accueillir le mouve-
vement également national qui entraînait les
Français autour d'un monarque qu'une grande
calamité rendait plus auguste et pouvait rendre plus cher; et sur la tombe d'un prince
dont la mort admirable avait pénétré de respect et d'émotion toutes les âmes, réconcilier
la France avec un gouvernement qu'elle ne
demande pas mieux que de voir s'affermir
sur les bases de la constitution et de la
liberté.

§. 22.
Pourquoi il ne
l'a pas fait.

Malheureusement, ce que M. de Richelieu
devait faire, dans son intérêt et dans celui du
trône et de la France, il ne le fit pas : la raison
en est simple et n'inculpe ni son caractère ni
ses intentions.

M. de Richelieu ignore complétement la disposition des esprits dans une patrie qu'il ha-
bite depuis peu d'années; vingt ans d'absence
et une éducation étrangère rendent cette ignorance naturelle, sans la rendre moins fâcheuse.
Il est imbu de certains préjugés suggérés par
la naissance, entretenus par l'émigration, for-
tifiés par l'habitude des cours et la routine des
cercles diplomatiques. En rapport avec des
souverains qui l'honorent, parce que son caractère personnel mérite l'estime, et entouré
d'ambassadeurs qui le flattent, parce qu'ils
le font servir à leurs vues secrètes; il n'a aucune idée de ce qu'est une nation, il ne se
doute pas de l'existence de cette classe intermédiaire, qui désormais, quoi que l'on en fasse,
décidera du sort de l'espèce humaine. Il croit
qu'aujourd'hui, comme autrefois, des négo-
ciations et des traités conclus entre une dou-
zaine d'hommes décorés de titres et surchar-
gés de rubans, suppléent aux vœux de la masse,
devenue riche, parce qu'elle est industrieuse,
et indépendante parce qu'elle est riche. Quand
il s'agit des peuples, M. de Richelieu s'occupe
des rois; il pensa de très-bonne foi, lorsque
l'élection de candidats populaires eut porté

l'effroi dans Aix-la-Chapelle, que la seule chose
importante était de dissiper cet effroi, en pro-
mettant que la loi des élections serait modi-
fiée, et quand il vit les inquiétudes étrangères
calmées par cette promesse, il oublia les inquiétudes françaises, dont elle ne pouvait manquer d'être le signal.

M. de Richelieu a un grand mérite : il a eu,
sur le séjour des étrangers en France, un sentiment patriotique d'autant plus digne d'éloge
qu'il n'était partagé ni par les hommes de sa
caste, qui voient dans les nobles étrangers des
compatriotes, ni par les zélateurs du pouvoir
absolu, qui voient dans les soldats étrangers des
auxiliaires ; mais par malheur, ce sentiment a
été, dans M. de Richelieu, plus chevaleresque
que national. Il n'a pas réfléchi que les peuples
de nos jours veulent non-seulement l'indépen-
dance, mais la liberté ; qu'il faut, sans doute,
que nul prince anglais, russe ou allemand ne
nous dicte des ordres, mais qu'il faut, de plus,
que notre gouvernement indigène nous régisse
par des lois claires, fixes, équitables, confor-
mes aux principes, et dégagées de tout arbitraire. M. de Richelieu a désiré la délivrance de
la France, comme Bayard ou Duguesclin l'au-

raient désirée; ce qu'ils auraient fait par les
armes, il l'a fait par des traités. Plus d'habileté aurait peut-être rendu ces traités moins
désavantageux, mais l'intention était pure; seulement il ne s'est pas aperçu que nous n'étions
plus dans le siècle de Duguesclin et de Bayard,
mais dans un siècle légataire des maximes de
Locke et de Montesquieu.

Cette réunion d'anachronismes, de pré-
ventions et de méprises, marquait d'avance le
chemin que M. de Richelieu était condamné
à suivre. S'il était vrai que sa confiance personnelle appartînt de plus à des hommes
d'un caractère roide envers ce qui n'est pas
la puissance, et d'un esprit dédaigneux pour
ce qui n'est que la raison, héritiers de noms
imposans, mais ayant, dit - on, désavoué
les principes qui avaient rendu ces noms
illustres ; s'il était vrai que ces hommes ,
nourris dans l'intimité d'un pouvoir absolu , eussent porté à M. de Richelieu les
traditions de ce pouvoir, l'admiration de
son action rapide, le mépris du peuple,
les habitudes de l'arbitraire, on concevra
que tout s'accordait pour lui faire illusion et

3

pour l'égarer. Ne connaissant, comme je l'ai
dit, ni les Français ni la France, vivant sous
l'empire d'une cour qui fausse à ses yeux tous
les objets; environné de diplomates qui se font
valoir auprès de leurs cabinets en dénonçant
les peuples, parce que ces dénonciations ont
l'apparence d'un zèle méritoire, d'une obser-
vation subtile et d'une sagacité merveilleuse,
il devait tomber, par une déclinaison graduelle
et rapide, sous l'empire d'une faction qu'il
avait d'abord éloignée : c'est ce qui est arrivé.
Son intégrité personnelle est encore une garantie de fait contre des iniquités de détail, et
même, jusqu'à l'instant où l'on sera parvenu à
le tromper en l'effrayant d'un complot imagi-
naire, cette intégrité mettra obstacle aux coups
d'état violens : mais la faction de 1815 s'organise;
elle fait des progrès journaliers, et chaque département voit s'établir, sous des noms divers et
sous différens prétextes, le gouvernement des
sept hommes, réclamé, en 1816, par M. de
Châteaubriand.

§. 23.
Nouveau pro-
jet de loi sur
les élections,
dicté par le
parti de 1815.

Cette domination du parti de 1815, sous le
joug duquel M. de Richelieu est ainsi tombé
graduellement et à son insu, a dû avoir pour
effet infaillible la présentation d'un nouveau

projet de loi sur les élections, projet différent de celui de M. Decazes, qui avait en vue l'accroissement du pouvoir ministériel, tandis que le projet actuel a pour but la contre-révolution pure et simple; car j'appelle contre-révolution le pouvoir remis en entier à la classe des riches, qui s'en prévaut toujours pour stipuler pour elle-même des exemptions, des priviléges, des inégalités politiques, civiles et pécuniaires.

La comparaison détaillée des deux projets entourerait cette vérité d'une évidence sans réplique. Mais la longueur de cette comparaison la rendrait déplacée ici. Je me bornerai à dire quelques mots sur leur tendance, pour montrer combien celle de l'un avait peu d'analogie avec celle de l'autre.

Le projet présenté par M. Decazes était destiné, comme je l'ai énoncé, à fortifier le pouvoir ministériel. De là, la quinquennalité, la formation illusoire du bureau, le vote public, comme moyen de maintenir les fonctionnaires dans la dépendance, enfin quelques autres détails propres à écarter les concurrens qui déplairaient aux ministres. Quant à l'avantage donné à l'oligarchie, par la nomination de 142 députés, choisis par elle, il est évident que c'était une concession dont on avait même tâché d'atténuer l'effet, en plaçant ces élus de l'oligarchie en minorité.

Le projet présenté par M. Lainé est au contraire calculé pour assurer la victoire complète de l'oligarchie. De là ces colléges des plus imposés, qui, dans presque tous les départemens, seront formés d'anciens riches; car on a beau dire, les grandes fortunes ont, pour la plupart, résisté aux orages politiques. Elles ont été protégées par leur masse; la foudre n'a frappé que les fortunes moyennes. Les faveurs de Bonaparte, appelées bienfaits sous l'empire, et restitutions depuis la royauté, ont indemnisé la classe que la révolution avait dépouillée, et l'on passe sa vie à voir rétablis dans leurs châteaux, leurs terres, leur opulence, des hommes qu'on avait contracté, depuis vingt ans, l'habitude de plaindre et de secourir. De là, encore, cette combinaison recherchée, à l'aide de laquelle le candidat de la minorité la plus imperceptible pourra être choisi par le grand collége, au détriment du candidat d'une majorité des dix-neuf vingtièmes, ou même (la chose n'est nullement

impossible) des quatre-vingt-dix-neuf cen-
tièmes dans le collége d'arrondissement.

Aussi, en relisant les exposés des motifs des
deux projets de loi, l'on s'aperçoit, du premier coup d'œil, que l'exposé remis par M. Decazes n'a pour but que de justifier la quinquennalité, et que celui de M. Siméon, tout
superficiel et abrégé qu'il est, et le rapport
plus explicite de M. Lainé, ne sont calculés que
pour pallier, sans pouvoir le nier entièrement,
l'ascendant de la minorité privilégiée sur la
masse nationale.

La différence du langage des deux époques
est très-remarquable.

Tout en s'efforçant de sacrifier la liberté au
pouvoir ministériel, M. Decazes, dans son
exposé rédigé avant le 13 février, observe des
formes et se commande des protestations encore populaires. Il veut *conserver tous les*
droits acquis, faire que toutes les propriétés
soient représentées, que tous les intérêts aient
leur organe, etc. (1).

M. Lainé, dans ses pressentimens du triom-

_____

(1) Exposé des motifs du projet de loi présenté par
M. Decazes, le 15 février 1820, pag. 14.

phe des projets contre-révolutionnaires , s'ex-
prime, au contraire, dédaigneusement sur
ces *droits acquis*, à la conservation desquels
M. Decazes voulait paraître attacher tant d'importance. *Il ne s'agit pas de savoir, dit-il, si
en fait la législation change les droits précédens, mais si elle a de bonnes raisons pour les
modifier* (1), axiome qui, remarquons-le en
passant, servirait à remettre en question les
droits acquis par la charte, aussi-bien que
ceux que toute autre loi aurait consacrés. *Et
que sont après tout,* continue-t-il, *ces droits
que l'on appelle acquis* (2) ? On croirait qu'ici
M. Lainé réfute M. Decazes.

Ce n'est pas tout. M. Decazes avait rempli
le tiers de son discours d'une apologie de la
quinquennalité. *Aucune forme d'élection,* avait-
il dit, *ne peut balancer l'inconvénient des
renouvellemens annuels* (3)... *Avec un tel système, avec cette régularité périodique d'agitation et de changemens, tout ordre public est*

----

(1) Rapport de M. Lainé, p. 13.

(2) Ibid., p. 13.

(3) Exposé des motifs de M. Decazes, p. 29.

impossible (1). *Le renouvellement intégral permet seul à des gouvernemens affermis de résister aux factions anti-sociales* (2). Aussi ce renouvellement intégral qui impliquait la quinquennalité était déclaré *la première condition de la loi nouvelle* (3). Mais les choses ayant changé, les contre-révolutionnaires croyant avoir trouvé le moyen de donner à jamais le pouvoir d'élire à la petite minorité qui les porte, la quinquennalité leur est devenue indifférente. Ils l'obtiendront d'ailleurs quand ils la voudront. Dès lors, dans l'exposé des motifs du nouveau projet de loi, M. Siméon déclare tranquillement, en une seule phrase, que *la chambre continuera d'éprouver son renouvellement partiel et périodique* (4). Ainsi ce renouvellement, dont les dangers ne pouvaient être balancés *par aucune forme d'élection;* ce système *qui rendait impossible tout ordre public;* ce principe perpétuel d'agitation, *qui livrait l'autorité aux factions anti-sociales,*

---

(1) Exposé des motifs de M. Decazes, p. 30.
(2) Ibid., p. 33.
(3) Ibid., p. 47.
(4) Exposé des motifs de M. Siméon, p. 7.

est derechef consacré en quatre mots, à la
face d'une nation qui, certes, doit être épou-
vantée de ses conséquences, si elle a quelque
confiance dans son gouvernement, et qui, si
elle est étrangère à ce genre d'effroi, doit en
ressentir un autre, non moins fâcheux, puisqu'elle est condamnée à soupçonner ceux qui
la régissent, de la mauvaise foi la plus mani-
feste ou de la légèreté la plus insensée. C'est
la première fois, j'ose le dire, que des ministres, après avoir décrié, accusé, vilipendé les
institutions fondamentales d'un peuple, signifient à ce peuple que ces institutions ne seront pas changées; et l'on conviendra que ce
moyen est bizarre, pour lui inspirer l'attache-
ment et le respect sans lequel toutes les institutions sont impuissantes. Les discours suc-
cessifs des deux ministres, combinés et consi-
dérés sous ce point de vue, sont de vrais li-
belles contre la charte, de véritables manuels
d'anarchie, et si un malheureux écrivain se
les était permis, il eût à bon droit été condamné à des peines graves, pour avoir provoqué le mépris de la constitution et la résis-
tance aux lois de l'état.

Tout cela s'explique par la connaissance de

la marche que j'ai décrite et des intentions que j'ai dévoilées.

Cette marche et ces intentions se remarquent encore dans la manière dont M. Decazes avait tâché de déguiser les priviléges conférés aux plus imposés, tandis que M. Siméon se contente de proclamer ces priviléges, et que M. Lainé les approuve et les justifie par des raisonnemens semblables, comme je le démontrerai, à ceux qui, dans tous les temps, ont servi aux apologistes de l'aristocratie nobiliaire.

Les colléges de département, avait dit M. Decazes, se composeront d'éligibles payant mille francs, et délégués par les colléges d'arrondissement. Ainsi la haute propriété ne tiendra le droit qui lui est conféré que de l'assentiment des électeurs moins imposés... (1) *La juste part d'influence que les grands contribuables ont besoin d'obtenir ne doit être ni un privilége fondé sur la fortune, ni une dérogation aux droits acquis des électeurs...* (2) *La grande propriété ne sera point une prérogative, car elle*

----

(1) Exposé de M. Decazes, p. 49.
(2) Ibid., p. 48.

aura besoin d'une élection pour être un droit (1)...
Les colléges électoraux devront se rappeler sans
cesse qu'ils ont été choisis par leurs concitoyens
pour agir dans l'intérêt de tous, garantir les
droits de tous (2).

Dans l'exposé des motifs de M. Siméon, il
n'est plus question de l'*assentiment des élec-*
teurs moins imposés, que M. Decazes déclarait
si nécessaire. Loin de prétendre que l'influence
des grands contribuables, pour ne pas être
un privilége oppressif et une prérogative in-
juste, ait besoin d'avoir sa source dans une
élection, le projet de M. Siméon établit ce
privilége sans élection aucune; et tout ce qu'il
dit à cet égard se borne à douze mots : *Le*
collége de chaque département se composera
des électeurs les plus imposés (3). C'est le la-
conisme de la force.

M. Lainé, rapporteur d'une commission dans
laquelle il a fait traverser le projet de loi, en
interdisant à la minorité toute discussion
approfondie, et en opposant à toutes les ob-

---

(1) Exposé de M. Decazes, p. 49.
(2) Ibid., p. 54—55.
(3) Exposé de M. Siméon, p. 10.

jections un silence qu'il n'a rompu que pour reprocher à un homme dont assurément le nom est placé en France plus haut que le sien (1), les honorables, bien qu'inutiles efforts de son patriotisme et de sa conscience; M. Lainé a consacré quelques phrases au panégyrique des priviléges des plus imposés. *Sans doute, a-t-il dit, les plus imposés sont placés pour les élections dans une position différente de la position des membres du collége d'arrondissement : mais ne sont-ils pas déjà dans des positions diverses au milieu même de notre état social ? Quand il serait vrai que cette différence approchât d'une classification, faudrait-il se plaindre d'une loi qui aurait l'avantage d'imiter de bien loin les lois que la nature a faites (2) ?*

J'ai déjà remarqué que ce raisonnement est précisément celui qu'ont fait valoir de tout temps les partisans des priviléges héréditaires. La nature, disent-ils, établit des inégalités. Pourquoi ne voulez-vous pas que la société en

---

(1) M. Camille Jordan.

(2) Rapport de M. Lainé, p. 16.

établisse? Pourquoi? c'est que les inégalités superflues et factices détruisent et compromettent les inégalités naturelles et nécessaires. C'est que les inégalités naturelles, et dans ce nombre je place les inégalités de fortune, résultat de la transmission, de l'habileté ou de l'industrie, étant appuyées sur la force des choses, n'ont nul danger, soit comme tyrannie, soit comme bouleversement; au lieu que les inégalités factices nous exposent à la fois à ce double péril. Contrariant la force des choses, elles ont besoin d'appuis factices comme elles, et par-là même oppressifs d'une part et fragiles de l'autre.

Que la fortune exerce l'influence que la nature et l'état social lui donnent, rien de plus raisonnable : mais vouloir ajouter à cette influence légitime des influences de priviléges, c'est rendre odieux en même temps ce qui est nécessaire et ce qui est inique. C'est compromettre la grande propriété en froissant la propriété moyenne : c'est désigner la première à la juste irritation de la seconde : c'est préparer les troubles et les destructions. A notre époque de civilisation, les oligarques auront beau faire. Ils seront toujours, désormais, pour

leur malheur et pour le nôtre, les prédéces-
seurs des jacobins.

L'on aurait pensé que le système contre-
révolutionnaire ayant établi, dans le nouveau
projet de loi sur les élections, la suprématie
exclusive de la grande propriété, les auteurs
de ce système auraient, pour le moment, pu
borner leurs efforts à cet important et décisif
avantage. Lorsque la grande propriété domine,
elle fait les lois : elle garantit par ces lois l'ac-
cumulation des richesses et leur perpétuité
dans ses mains (1) : elle attire à elle par-là
même successivement les propriétés inférieu-
res : elle dépouille ainsi le peuple d'une manière lente et inaperçue : et les droits politiques étant attachés en France à une quotité
déterminée de fortune, le résultat infaillible
d'une pareille organisation serait une diminu-
tion toujours croissante du nombre des électeurs, et au bout de quelques années le gou-

§. 24.
Argumens de
M. Lainé pour
prouver qu'il
faut que ce soit
la minorité qui
élise.

(1) Il est à remarquer que c'est au moment où l'on
veut nous donner une loi d'élection tout-à-fait oligarchique, que l'on propose à la chambre des pairs l'é-
tablissement de majorats sans titre, c'est-à-dire des
substitutions et des inégalités de partage. Cette coïn-
cidence doit frapper tout esprit éclairé : ce sont deux
parties d'un même ensemble.

vernement d'une classe riche, toujours plus
puissante et toujours la même. C'était assez
pour la cause, mais c'était trop peu pour les
individus. Les hommes qui veulent la contre-
révolution, tout en travaillant pour l'avenir,
ne renoncent point au présent. De là, dans
leur projet, des dispositions que l'impatience
de jouir de leur ouvrage peut seule motiver,
et dans le rapport de M. Lainé, des explica-
tions qui, malgré leur astuce, trahissent par
trop naïvement l'intention qui les dicte.

Les hommes de 1815 sont poursuivis, et
dans cette circonstance ils se rendent parfaitement justice, de l'idée qu'ils sont en horreur
à la nation. Ils craignent donc toujours, quel
que soit le mode d'élection qu'ils inventent, de
n'être point élus, s'ils ne sont imposés de force.
Ils n'ont de ressource que dans l'empire de la
minorité, et de la minorité la plus petite pos-
sible.

De là, dans leur loi nouvelle, la substitution
des plus imposés aux électeurs payant une con-
tribution fixe, et la clause qui place à côté des
candidats de la majorité la plus imposante,
ceux des minorités les plus imperceptibles (1).

_____

(1) Voyez l'art. 4 du nouveau projet.

M. Lainé, qui d'ailleurs ne manque ni d'a-
dresse, ni d'ambiguité quand elle est nécessaire, n'a pu trouver des paroles assez équivoques pour empêcher, dans son rapport même,
cette vérité d'éclater. *Il fallait bien, a-t-il dit,*
pourvoir au cas où par une intelligence deve-
nue facile, les arrondissemens ne présenteraient
que les mêmes individus,.. et ne pas laisser tous
ses moyens à l'intrigue, qui saura bien établir
un concert pour que les mêmes candidats...
soient présentés en plusieurs arrondissemens (1).

Je le demande, que signifient ces phrases?
Qu'est-ce que *pourvoir au cas où par une intelli-*
gence devenue facile, les arrondissemens ne
présenteraient que les mêmes individus ? C'est,
sans doute, si ces phrases ont un sens quelconque, faire que dans le cas où l'immense
majorité de tous les arrondissemens porte-
rait les mêmes candidats, les colléges des
plus imposés puissent se jouer de cette présentation presque unanime, et préférer les
candidats offerts par la minorité la plus exiguë.
Qu'est-ce que *s'opposer au concert établi pour*

---

(1) Rapport de M. Lainé, pag. 27 et 28.

que les mêmes candidats soient présentés par plusieurs arrondissemens ? C'est manifeste-ment faire en sorte qu'en dépit de ce concert, qui prouve quels mandataires les arrondisse-mens jugent les plus dignes, les colléges su-périeurs aient la faculté de les repousser. pour prendre ceux qui n'auront réuni que quelques votes.

Jamais, je le pense, le honteux secret de la faction du petit nombre ne fut si clairement révélé ; jamais on ne déclara si formellement à une nation que le but était de lui escamoter les droits dont on lui laissait l'apparence illu-soire ; et si dans la prétention de gouverner un peuple par lequel on convient ainsi qu'on est repoussé, il y a beaucoup d'arrogance, il y a dans l'aveu bien de l'humilité (1).

---

(1) Les précautions de M. Lainé n'ont point encore rassuré complétement la faction du petit nombre. Elle craint toujours de ne pas trouver dans les col-léges nationaux une minorité qui veuille élire ses can-didats, et voilà que dans la *Quotidienne* elle pro-pose de rendre à son collége le droit de nommer la moitié des députés hors de la liste des candidats, en prouvant très-clairement que sans cette prérogative, ceux qu'elle désire pourront bien n'être pas élus, parce

La substitution des plus imposés aux électeurs qui paient mille francs, et qui étaient
les privilégiés dans le projet de M. Decazes, est
un autre artifice qui vaut la peine d'être dévoilé. On sait dans chaque département quels
sont les électeurs dont les contributions s'élè-
vent à mille francs, et il n'aurait pas été pos-
sible aux subalternes, préfets et sous-préfets,
dont les contre-révolutionnaires rempliront
les places, si leur loi est adoptée, de tromper
la France sous ce rapport. Mais nul, dans les
provinces ni même à Paris, n'aura le moyen de
vérifier les listes des plus imposés, si tant est
qu'on les publie. La vérification étant compa-
rative, et les contributions payées hors des
départemens devant entrer en compte, nul ne
pourra savoir si c'est à juste titre que tel homme
se trouve sur ces listes plutôt que tel autre.

§. 25.
Substitution
des plus impo-
sés aux élec-
teurs à 1000 fr.

qu'ils courent le risque de n'être pas présentés. On
voit que d'une part les prétentions, et de l'autre la
modestie de ces messieurs sont toujours croissantes.
Ils disaient hier : donnez la préférence aux candidats
de la minorité, parce que nous avons pour nous la
minorité. Ils disent aujourd'hui, nommez ceux qui
ne seront les candidats de personne, parce que nous
n'avons pour nous personne.

4

Ajoutez que déjà le projet avoué est de ne faire imprimer que le nombre, sans y joindre les noms ni les sommes. Des orateurs nous l'ont déclaré à la tribune (1), et les journaux de la même faction ont essayé d'appuyer de sophismes cette ruse grossière qui complète la série des déceptions. *Ce n'est qu'aux yeux de la loi*, ont dit ces journaux, *que les propriétaires doivent justifier de leur droit.* La loi, dans ce cas, signifierait l'autorité; car ce sont les agens de l'autorité qui examineraient, à huis-clos, si la loi est satisfaite. Or, nul profane n'étant admis à connaître ce qui se passera dans le mystère entre les propriétaires et l'autorité, il est évident que les listes des plus imposés, ces listes qui décideraient de tout le système électoral de la France, ces listes, qui, si elles étaient fausses, donneraient à toute la France de faux mandataires, seraient l'ouvrage discrétionnaire des subalternes d'un parti.

§. 26.
Pourquoi j'interromps ici l'examen du projet de loi.

Je ne me livrerai point à l'examen des autres dispositions du projet de loi. Ce que j'en ai dit a moins pour but d'anticiper sur la dis-

---

(1) Voyez les discours prononcés dans la séance dans laquelle M. Lainé a fait son rapport.

cussion, qui, je l'espère, en fera justice, que
d'en analyser l'esprit, et de montrer, par cette
analyse, la vérité du jugement que j'en ai porté
plus haut. Je le répète, le projet de M. Decazes
était ministériel, et ne servait la contre-révolution que par des concessions indirectes. Celui de M. Lainé est directement, formellement,
positivement contre-révolutionnaire. L'un re-
monte à un temps où le ministère, mécontent
des élections, voulait en gêner la liberté. L'autre appartient à l'époque où la faction de 1815
a profité d'un événement affreux pour arbo-
rer l'étendard contre-révolutionnaire et pour
s'assurer le pouvoir.

Ici je prévois une objection. Je vais l'expo-
ser dans toute sa force, et j'y répondrai. Peut-
on croire que M. Lainé favorise sérieusement
les projets des contre-révolutionnaires? Né dans
la classe intermédiaire, parvenu par une éloquence toujours facile, quelquefois touchante,
à une place élevée, dans une profession qui,
jadis, n'avait rien de commun avec la carrière
et les prétentions des privilégiés, administra-
teur, dit-on, sous la république, et certainement législateur sous l'empire, n'est-il pas lié
à tous les intérêts que la révolution a créés et
que la charte consacre?

§. 27.
Objection ti-
rée de la posi-
tion et du ca-
ractère de M.
Lainé.

S'il s'agissait d'un homme ordinaire, ou
d'un homme corrompu, ma réponse serait
courte. Ce que, dans le langage de la révolution, l'on appelle des gages, c'est-à-dire, les
conclusions que l'on tire de la situation anté-
rieure, et des engagemens ostensibles, sont de
toutes les garanties, les plus équivoques et les
plus trompeuses. Nous avons vu des forcenés
de la convention, des suppôts de l'anarchie,
de vils flatteurs de l'empire, se jeter dans la
fange contre-révolutionnaire, offrir à une faction autant de crimes ou de bassesses futures
qu'ils avaient à en expier dans le passé, et
grâce à ce trafic de férocité ou d'infamie, mé-
riter un accueil gracieux de leurs nouveaux
maîtres.

Mais M. Lainé ne doit pas être confondu
avec cette tourbe vénale et sanguinaire. Il pos-
sède incontestablement des talens distingués.
Ses amis lui attribuent des qualités fort esti-
mables. Ceux qui ont eu occasion de le voir à
des époques importantes ne peuvent lui refu-
ser quelque chose qui séduit et qui impose.

Je suis de ce nombre, et malgré le dissentiment de nos opinions, malgré le mal affreux
qu'aujourd'hui, selon moi, M. Lainé fait à la

liberté et à la France, j'éprouve du regret de me voir forcé à le juger sévèrement.

Mes relations avec lui ont été courtes. Mais elles ont suffi pour laisser dans ma mémoire de profondes traces. Il s'est montré à mes yeux dans un moment de crise, souvent passionné, ombrageux, frappé d'alarmes imaginaires, qui l'aveuglaient sur les dangers réels. Mais je l'ai vu courageux et dévoué. Or le dévouement et le courage sont des choses si rares, qu'aucun dissentiment d'opinion ne m'empêchera de leur payer un tribut d'éloges. M. Lainé a bravé le vainqueur, mais en restant sur le sol français : et s'il a provoqué la guerre civile, ce qui peut être un droit, dans quelques circonstances, il n'a jamais fait ce qui est toujours un crime, il n'a point mendié de l'étranger contre son pays, l'invasion, le carnage, et l'incendie.

Aussi j'ai constamment repoussé, avec dégoût et répugnance, ces accusations empruntées de temps antérieurs; accusations dont il avait trop imprudemment donné l'exemple contre d'autres, et sur lesquelles, je dois le dire, il s'est faiblement justifié. Ces accusations m'étaient importunes. Je ne voulais pas qu'on

vînt me gâter un caractère que j'avais aimé
comme noble et intrépide. Je ne voulais pas
voir dans le président courageux de la chambre des députés de mars 1815, je ne sais quel
agent d'un comité redoutable et je ne sais quel
fonctionnaire de Cadillac : et je me suis toujours félicité, je me félicite encore de ce que
mon ignorance sur certains faits permet à mon
estime de demeurer intacte.

Mais, en m'attachant ainsi à des souvenirs
qui me sont précieux, je dirai cependant que
de tous les hommes qui pouvaient s'emparer
de la direction de nos destinées, M. Lainé était
le plus dangereux.

A côté des qualités que je lui reconnais, l'on
remarque en lui une véhémence d'impressions,
une tendance à une exaltation presque fana-
tique, un enivrement de paroles retentissantes,
et de prophéties lugubres, que les événemens
ont dirigés, au moins, depuis six années, contre
tous les intérêts que la révolution a créés.

J'ignore à quelle époque la conscience de
M. Lainé s'est soulevée en secret contre le despotisme impérial. Membre du corps législatif
de Bonaparte, il avait supporté long-temps la
tyrannie du maître du monde, lorsque la fa-

meuse adresse présentée à ce conquérant re-
venu de Moscou, attira sur ses rédacteurs des
menaces qui semblaient annoncer la proscrip-
tion. Retiré à Bordeaux, M. Lainé contribua,
comme on sait, à la restauration de 1814. Président de la chambre des députés, il exerça
toute son influence en faveur des lois contre
la liberté de la presse, lois qui donnèrent le
signal du mécontentement, avant-coureur du
20 mars. Dans cette grande crise, M. Lainé se
crut assez fort pour opposer, par son éloquence
et son courage, une digue au torrent qui re-
portait Napoléon sur le trône. Les fautes de la
cour, le départ du Roi, rendirent tous ses efforts inutiles. Peut-être à la douleur patriotique du citoyen, se joignit alors la vanité bles-
sée du président et de l'orateur. Cette vanité
flattée ensuite à Bordeaux dans un sens contraire, acheva d'enraciner dans son âme la
haine de tout ce qui lui rappelait une révolution qui l'avait humilié. Ce fut avec ces impressions qu'il reparut en 1815 sur la scène
politique. Sans les outrages dont l'abreuva la
faction contre-révolutionnaire, il ne se fût point
séparé d'elle. Ces outrages le réunirent un instant à M. Decazes, et lors de l'établissement

du système électoral que l'on veut détruire,
il se déclara en faveur de ce système. Mais ce
retour à des idées nationales ne fut que pas-
sager, et il ne tarda pas à conspirer l'anéantis-
sement de son propre ouvrage.

Lors de la proposition de M. Barthélemy, il
favorisa cette premiere tentative contre la loi
protectrice de nos droits, et depuis cette époque, ceux qui ont voulu nous en dépouiller
ont toujours vu en lui leur plus puissant
auxiliaire et leur principal espoir.

Avec ces dispositions, M. Lainé, j'en suis
convaincu, ne se croit point un contre-révolutionnaire. Ceux qui préparent la contre-révolution, comptent sur lui, le flattent, l'entraî-
nent. Les duchesses lui sourient, les vicomtes
lui serrent la main, et il éprouve quelque plaisir
à promener son austérité à travers des salons
dont il s'imagine que ni la pompe ne l'éblouit,
ni l'atmosphère ne l'enivre. Flatté d'être admis dans la caste orgueilleuse, il aime à la dire
menacée pour avoir l'avantage de la protéger,
au lieu de subir la faveur d'y être reçu. Le
sentiment de son courage au sein de ces pré-
tendus périls, excuse à ses yeux les jouissances
de son amour-propre. Il ne s'aperçoit pas que

les éloges mêmes qu'on lui donne portent ce
cachet d'aristocratie, qui accorde plutôt les
supériorités intellectuelles que l'égalité sociale,
parce que, dans l'opinion de la caste, ces supériorités sont des accidens, tandis que la dis-
tinction des rangs est un droit. Quand l'aristocratie a besoin d'un plébéien, elle le loue
pour expliquer dans quel but elle l'admet, et,
en motivant ainsi l'admission, elle se lave de
la mésalliance. Lorsque la contre-révolution
sera faite, lorsque M. Lainé sera l'objet de
l'insolence des vainqueurs dont il aura servi
la victoire, lorsque après les avoir secondés
contre l'immense masse nationale, il se verra
traité par eux comme ils traitent chaque jour
ceux qui autrefois les sauvèrent; lorsqu'on lui
reprochera d'avoir concouru au 5 septembre,
d'avoir défendu la première loi des élections;
lorsqu'en remontant plus haut, l'on traduira
l'adresse même à laquelle il a coopéré en 1813,
et dont maintenant on lui fait un titre, en
hommages rendus à l'usurpation, parce qu'il
y reconnaît Bonaparte comme souverain, et
qu'il mêle des éloges assez directs à des cen-
sures assez détournées, alors ses yeux se des-
silleront : mais il sera trop tard; il faudra qu'il

recueille ce qu'il aura semé. Son dévouement méconnu, son service oublié, ses réminiscences d'égalité châtiées, lui apprendront la gratitude de l'oligarchie, et c'est beaucoup si ses alliés d'aujourd'hui lui pardonnent de s'être arrogé l'honneur de leur dédier son zèle.

Certes, ce sera bien là le moins fâcheux des résultats d'un travail funeste. Le trône et la liberté remis en question, l'espoir des amis de l'ordre et de la justice trompé, les germes de la dissension jetés sur un terrain volcanique, la grande et la petite propriété devenant ennemies, l'une présentant sans cesse des candidats qu'elle s'irritera de voir repoussés, l'autre se jouant de la première, dont ses choix accuseront l'impuissance : voilà des maux sérieux, et si l'auteur de ces maux s'afflige pour lui-même, M. Lainé pourra bien être le seul à pleurer sur M. Lainé. Mais en attendant, ce qu'on vient de lire explique comment il s'est rendu l'organe d'un projet qui n'est autre chose que la contre-révolution. Dès que la chute de M. Decazes lui a fait entrevoir la possibilité de substituer aux combinaisons d'un ministère dont il avait cessé de faire partie,

celles des hommes avec lesquels il croit re-
prendre l'autorité, il a mis ses talens, sa dia-
lectique spécieuse, son éloquence à leur service, et si la contre-révolution triomphe par
des élections toutes anti-nationales, M. Lainé
en aura été le premier, le plus actif artisan.

Je me suis étendu, longuement peut-être,
sur ses intentions et son caractère, parce qu'il
est le chef d'une des minorités de la chambre,
et le lien de cette minorité avec le côté droit.
Ce n'est pas que cette minorité ne s'effraie souvent des violences de la faction avec laquelle
elle a fait alliance. Il y a dans cette minorité
de la réserve, de l'expérience, et ce qui est une
suite assez naturelle de l'expérience, une défiance qui ressemble à de la timidité : mais
ses intérêts sont nationaux, et ses intentions
ne sont pas inconstitutionnelles. Livrée à elle-
même, et rassurée sur les vues qu'elle attribue
très à tort à un parti qu'elle a toujours eu le
malheur de soupçonner, tandis que le parti
contraire est seul dangereux, elle ajournerait
bien quelques libertés du régime nouveau,
mais elle ne reprendrait point volontairement
les voies de l'ancien régime. Elle ne se réunit
jamais sans douleur à la faction de 1815,

§. 28.
Influence de
M. Lainé sur
une minorité
de la chambre.

qu'elle a honorablement combattue à cette
époque. Mais un mot violent, une allusion in-
discrète, une attaque trop peu mesurée la re-
jette vers ces alliés suspects, qui se prévalent
de cette coalition passagère pour l'entraîner
fort au-delà de ses opinions et de ses vœux.

Si cette minorité, en qui la prudence n'ex-
clut ni la justesse du jugement, ni l'étendue
des lumières, avait un chef uni à elle de sen-
timens, elle exercerait dans la chambre une
grande et utile autorité. Mais M. Lainé, qui
s'est arrogé le droit de la conduire, l'égare
souvent par un ascendant qu'il ne déguise point
et dont il abuse. Il l'affaiblit ainsi, en excitant
contre elle les mêmes soupçons qu'il excite en
elle contre d'autres, et il est peut-être l'une
des principales causes des divisions qui em-
pêchent la chambre de faire le bien. Tantôt,
rhéteur adroit, il tâche d'endormir la pré-
voyance du parti qu'il dirige, par des explica-
tions subtiles, ou, si l'on veut, ingénieuses; tantôt, dialecticien élégant, il déguise ou il obscur-
cit, par d'apparentes analyses, les dispositions
les plus manifestement contraires aux vrais
principes de la liberté constitutionnelle et du
système représentatif. D'autres fois, orateur fa-

cile, il donne aux inquiétudes le temps de
s'apaiser, en les berçant doucement de paroles
sonores et vides d'idées; ce qui, vu le motif,
n'est qu'un talent de plus : enfin, ce qui est
un argument bien plus persuasif, avocat plébéien, il se montre à ses partisans et à ses collègues comme une preuve vivante que l'on
s'exagère le danger des prétentions nobiliaires.
Ainsi, en maintenant sa minorité dans la dis-
cipline, il la fait voter souvent malgré elle, et
la force à persévérer dans une route dont elle
redoute le but.

J'ai suivi le nouveau projet de loi depuis son
origine. J'ai prouvé, qu'objet pendant quatre années du désir secret ou public des contre-révolutionnaires, il a été, dans une occasion désastreuse, substitué par eux à un autre projet,
très-défectueux, très-condamnable, mais qui
n'opérait pas la destruction qu'ils réservent à
nos droits, à nos garanties, à tout ce que la
France a obtenu par des sacrifices immenses,
de longs malheurs, de sublimes dévouemens.

§. 29.
Résultat de
l'exposé précé-
dent.

Il est facile maintenant de juger des conséquences inévitables qu'aura ce projet, s'il est
adopté. Il détruira tout ce que nous avions
conquis, tout ce que nous pouvions espérer
encore, tout ce qui nous avait été promis et

juré. Il rompra les liens qui commençaient à s'établir entre le gouvernement et la nation ; il livrera celle-ci à la domination d'un petit nombre de familles, et ces familles asserviront le trône après l'avoir séparé du peuple. Elles asserviront le trône ; car elles composeront une corporation permanente, dont la dissolution sera impossible, et qui rendra celle de la chambre des députés également illusoire. Nous aurons acclimaté dans notre belle France tout ce qu'il y a de mauvais en Angleterre : la concentration des propriétés, la détresse de la classe laborieuse, le monopole de la représentation sous des formes d'élection vaines, le désespoir chez les pauvres, le péril chez les riches, la corruption chez les puissans : et nous n'aurons pas, comme les Anglais, l'excuse d'avoir respecté les traditions, le droit immémorial, l'ordre de choses existant ; nous aurons refait à plaisir un ordre vicieux; nous aurons emprunté de nos voisins, sans nécessité, les abus dont ils souffrent et qui les dévorent.

Qu'on dise que le régime de 1815 ne saurait durer, je le conçois, c'est mon opinion, comme celle de quiconque a observé la dis-

position des esprits en France, et cette opinion, je le déclare, en me rassurant sur le
terme d'une navigation orageuse, ajoute à mon
inquiétude sur la traversée; mais qu'on dise
que ce régime ne peut revenir, c'est fermer
obstinément les yeux à la lumière. Il est tout
entier dans le projet actuel. La grande propriété territoriale, les deux degrés d'élection,
l'inégalité entre les électeurs, la défaveur jetée
sur les droits de l'industrie, les candidats de
la minorité, sont autant de vœux exprimés
jadis par la chambre introuvable (1). Le projet de loi est sa lettre de créance pour rentrer
dans l'enceinte et remonter sur ses anciens
bancs.

Aussi toutes les prétentions renaissent :
déjà l'on proclame qu'il ne faut pas des institutions, mais qu'il faut les hommes. Le
parti ne peut tempérer son impatience. Les
destitutions sont rédigées, les listes sont prêtes,
les noms des remplaçans circulent et sont con-
nus. Les modérés qui céderaient à de fausses
alarmes, ou se rendraient à des sollicitations

---

(1) Voyez en 1816 les discussions sur les élections.

douccreuses, peuvent savoir d'avance quel
sera leur salaire. L'on ajourne, il est vrai,
l'usage des lettres de cachet jusqu'après le
renversement du système électoral; mais on
abuse scandaleusement de la censure.

Les journaux, toujours perfides, sont
souvent féroces, et les lecteurs restent stu-
péfaits de leurs déclamations furibondes. Ce
n'est point dans les contre-révolutionnaires
un mauvais calcul. L'effet que produisent ces
journaux profite à leur cause, et la défaveur
en retombe sur le ministère qui est censé les
permettre, puisqu'ils sont soumis à sa sur-
veillance. Enfin, comme je l'ai dit ailleurs,
tout s'organise, la faction avance, et par des
nominations successives, elle s'empare chaque
jour de quelque poste, et cerne la charte avant
de la frapper.

Que résultera-t-il de cette marche? qu'en
résultera-t-il, je ne dis pas pour la nation, l'expérience nous l'apprend de reste, mais pour les
ministres, pour les pouvoirs constitutionnels,
enfin, pour le trône?

Le ministère est encore l'objet de quelques ménagemens éphémères de la part de
la faction de 1815. Elle n'impose pas à sa

faiblesse des actes trop forts. Ses plaintes
sont plutôt une désapprobation douce qu'un
blâme intolérant. Elle contient assez habile-
ment les enfans perdus de l'armée. Mais comment le ministère ne s'aperçoit-il pas que la con-
descendance dédaigneuse qu'elle lui accorde,
ses réticences, ses soupirs mal étouffés, toutes
ces preuves de l'indulgence présente sont autant d'accusations à venir ? Elle le déclare timide
et lent, c'est un acheminement à le proclamer
incapable. Bientôt son incapacité lui sera im-
putée à crime. Aujourd'hui admonesté, expulsé
demain, il sera proscrit le troisième jour.

Qu'il y pense d'ailleurs. Peut-il satisfaire
les partisans de la contre-révolution sous
laquelle il se plie ? Qu'il lise leurs écrits
Toutes les places, toutes les faveurs pour eux
toutes les gênes, toutes les persécutions pour
ce qui n'est pas eux, voilà ce qu'ils exigent. Il
n'y a pas de gouvernement qui ait le moyen de
les contenter. M. Decazes ne l'a-t-il pas essayé ?
n'a-t-il pas négocié avec eux jusqu'à sa dernière
heure ? et quand ils encombraient ses salons,
si j'en dois croire la rumeur publique, ne lui
disaient-ils pas ce qu'ils disent à ses successeurs ?
Quelles racines pourtant n'avait pas M. De-

cāzes? Quelles affections sa chute n'a-t-elle pas douloureusement froissées? Au défaut d'appuis semblables, nos ministres apportent-ils une considération nationale?

Je conviendrai qu'il y a dans quelques-uns d'entre eux des qualités privées. De brillans faits d'armes et un désintéressement incontesté caractérisent M. de Maubourg, d'ailleurs bien partial et bien funeste. Soixante-dix ans d'une vie recommandable distinguent M. Siméon, et ajoutent aux regrets qu'excite son entrée dans une carrière où sa vieillesse s'est égarée. Mais la couleur d'un ministère ne dépend pas de quelques détails plus ou moins honorables pour quelques individus, ces nuances se perdent dans la teinte générale. Or, qui oserait dire que des souvenirs de police, des traditions d'un zèle actif et aveugle pour Bonaparte, dans ses actes les plus arbitraires, des stigmates, enfin, de domesticité impériale soient des antécédens propres à soutenir des ministres qu'une faction veut attaquer?

Chose bizarre à dire, et néanmoins vraie! De tels ministres n'auraient d'asile que dans un parti national. Les nations modernes pardonnent à quiconque les sert, parce que les nations mo-

dernes sont indifférentes aux personnes; elles
veulent les choses, et quand on leur garantit
ces choses, les noms propres leur sont égaux.
Les factions sont implacables, parce que,
comme celle de 1815 le dit ingénument, outre
les institutions, elles veulent les places. On
peut contenter une nation qui demande la
liberté, en la laissant jouir de la liberté; on
ne peut satisfaire une faction qui aspire au
pouvoir qu'en lui cédant le pouvoir, et par
conséquent en l'abdiquant soi-même.

Que si je passe de l'examen de la position
du ministère à celui des vrais intérêts des minorités entre lesquelles les chambres sont ac-
tuellement divisées, je ne vois aucun de ces
intérêts qui n'ait sujet de redouter ce qui se
prépare. S'agit-il des pairs? les maréchaux
d'empire, le reste des amis de M. Decazes, et
surtout, pour me servir de l'expression mé-
prisante que l'oligarchie a consacrée, la *four-
née* du 5 mars, se trouveront mal de ce nouveau régime. Le 5 mars est une conséquence
de l'ordonnance du 5 septembre, un appui
prêté à la loi du 5 février. Le mouvement qui
a fait déclarer démissionnaires vingt-neuf pairs

en 1815, pourrait bien renaître sous quelque
prétexte dans une réaction de 1820.

Quant à la Chambre des députés, que cha-
cune des minorités y réfléchisse. Durant le
calme, et même pendant les agitations qui
précèdent l'orage, chaque minorité a son importance; mais cette importance disparaît au
sein de la tempête, et le torrent nivèle tout.

Certes, je ne fais à aucun député l'injure
de lui parler d'intérêts personnels quand il
est question de salut public; mais les hommes
qui ont acquis de la considération, dont on
reconnaît l'influence, dont on sollicite les suffrages, qu'étaient-ils en 1815? Leur voix se
perdait dans le tourbillon réactionnaire. C'est
depuis le 5 septembre qu'ils se font entendre;
et en effet, quand une faction domine, qui n'a
que deux ou trois mots de ralliement, et qui
répond à tout par ces paroles sacramentales,
il n'y a plus ni raison ni modération qui ser-
vent.

Une réflexion me frappe, et il me semble
que plusieurs faits l'appuient. Il y a dans tous
les pays, et dans tous les pays il est bon pour
l'administration des affaires que cela soit ainsi,

un certain nombre de fonctionnaires de tous
les degrés, depuis les plus subalternes jusqu'aux plus éminens (les ministres exceptés),
qui conservent et doivent conserver leurs places,
parce qu'ils ont en leur faveur les droits acquis, la possession, l'habitude, l'expérience.
On pourrait appeler ces hommes le fonds con-
solidé du pouvoir. Ce fonds n'est point à dédaigner. C'est en lui que résident les connais-
sances de fait, qui sont d'un besoin plus jour-
nalier que les conceptions politiques ; et un état
serait fort embarrassé d'en être privé. Utiles et
intègres sous tous les régimes, ces hommes
n'ont à redouter que les révolutions et les
réactions. Ils ont été dépossédés en 1793 par
les purs de 1793 : ils ont été dépossédés en
1815 par les purs de 1815. Hors de ces deux
époques, révocables de droit, ils sont restés
inamovibles de fait. Peuvent-ils vouloir de 1815,
plus qu'ils ne veulent de 1793? Ont-ils oublié
qu'en 1815 un déluge de destitutions inonda
la France, que pour être digne de servir le roi,
il fallait n'avoir jamais servi la patrie, et que
le vent de l'épuration soufflant simultanément
sur les tribunaux, le conseil d'état, les préfec-
tures, ne dédaignait pas de descendre jusqu'aux

perceptions de village, aux bureaux de lote-
rie et aux entrepôts de tabac (1). Aideront-
ils, en votant pour le projet actuel, à rou-
vrir l'antre d'Éole?

Que si je considère enfin les intérêts du
trône, je l'avouerai, je ne conçois pas comment c'est parmi les hommes qui chérissent
la liberté qu'on cherche les ennemis du monarque, ou de la monarchie constitutionnelle.
Ce n'est pas la première fois que je parcours
les diverses hypothèses de bouleversement qui
s'offrent à la pensée : aucune, je l'affirme, ne
vaudrait, non-seulement pour tout bon citoyen, mais pour tout esprit éclairé, pour tout
ambitieux raisonnable, ce que nous pourrions
avoir sous la charte, ce que nous espérions
obtenir par elle, ce dont nous approchions
chaque jour, avant que des projets insensés ne
nous rejetassent loin du port. Laissons à part
les protestations, les flatteries, le langage des
cours. Que veut la nation? la jouissance de ses
droits, le développement de ses facultés, l'exer-
cice de son industrie, la sûreté des personnes

―――――――――

(1) *Pallida mors æquo pede pulsat regumque tur-
res pauperumque tabernas.*

et des propriétés. Que veulent dans cette nation les hommes qu'on suppose plus inquiets,
plus actifs, plus avides de pouvoir, de fortune
ou de gloire? une carrière qui leur ouvre vers
ce qu'ils désirent une route légitime. Je dis
légitime, parce que, toute moralité à part, tous
ceux qui ne sont pas en démence préfèrent ce
qui est légitime et sans danger à ce qui est
illégal et dangereux. Je ne parle pas des fous
ou des criminels : les fous ou les criminels sont
toujours en petit nombre, et si quelquefois ils
s'emparent momentanément d'une désastreuse
influence sur une multitude égarée, c'est qu'on
a tourmenté cette multitude, qui n'eût pas
mieux demandé que d'être paisible.

Eh bien! ce que la nation veut, ce que veulent les hommes qu'on accuse d'ambition ou
d'inquiétude, se trouve sous la monarchie, telle
que la charte et la loi des élections nous l'ont
faite. Je dis la charte et la loi des élections,
parce que la loi des élections a vivifié la charte.
Ce n'est que depuis cette loi des élections que
nous jouissons de la charte. C'est par cette loi
que nous en jouissons. Nous la possédions, tout
était tranquille. On la menace, tout est agité.

Tout redeviendrait tranquille, si on revenait
à la respecter.

Il dépend donc du gouvernement de jeter
en France des racines plus profondes qu'aucun
gouvernement n'en eut jamais chez aucune nation; et pour y parvenir il n'a pas besoin, comme
d'autres gouvernemens, de se résigner à des
concessions nouvelles, ou de s'imposer des li-
mites non encore tracées. Ce qu'il a donné, ce
dont on jouit, ce qui existe, est suffisant.

Mais si le gouvernement se laisse cerner par
les ennemis de ce qui existe; si, dominé par
eux, il menace perpétuellement son propre
ouvrage et ses propres bases, de quels rêves
pourra se bercer encore l'esprit le plus disposé
à l'espérance? Toutes les habitudes de stabilité, habitudes précieuses et si difficiles à créer,
violemment détruites; un sentiment d'incerti-
tude se glissant partout; une inégalité créée à
plaisir, comme pour blesser la nation la plus
avide de l'égalité; des citoyens dépossédés de
leurs droits; deux armées, d'étendards et d'intérêts différens, rangées en bataille par la législation même; l'une n'exerçant sa prérogative
que pour la voir sans cesse annulée; l'autre
ne songeant qu'aux moyens de s'assurer la vic-

toire par le privilége, aux dépens de la justice,
quels élémens d'ordre social ! Et au milieu des
discordes nationales, des hommes sur qui pè-
sent des souvenirs déplorables, saisissant le
pouvoir qu'ils rendent à la fois précaire et
odieux !

Car on ne saurait contester la co-existence
des faits, quelle que puisse en être la cause. Il
y a six mois, le parti de 1815 était éloigné; l'on
n'entendait parler ni de cris séditieux, ni de
conspirations, ni de complots ourdis dans les
ténèbres. Ce parti se rapproche, et de toutes
parts éclatent soudain mille symptômes d'une
société désorganisée. Je ne prétends pénétrer
aucun mystère, et je n'accuse personne : mais
il est bizarre que ces symptômes forment toujours le cortége de cette faction, et se dissipent
en son absence pour reparaître dès qu'elle paraît.

Le projet actuel est l'ouvrage de cette faction. Il n'est dans aucun intérêt, si ce n'est
dans le sien. Il enlève à la nation son droit, et
à la couronne sa prérogative (1). Il réveille toutes
les craintes, il ébranle toutes les stabilités. Il

_____

(1) Voyez ci-dessus, pag. 62.

reporte sur l'autorité royale des souvenirs et
des impressions fâcheuses que l'instinct du
peuple français aime à en séparer. C'est une
dernière tentative de la faction du petit nombre,
pour appeler sur le trône, dont elle veut se faire
un rempart, des périls qui résultent des fautes
qu'elle a commises et des défiances qu'elle a
méritées.

FIN.

TABLE.

FIN DE LA TABLE.

IMPRIMERIE DE PLASSAN, RUE DE VAUGIRARD, N° 15.

www.ingramcontent.com/pod-product-compliance
Lightning Source LLC
Chambersburg PA
CBHW071237200326
41521CB00009B/1510